Maravillas de la naturaleza
Las cuevas

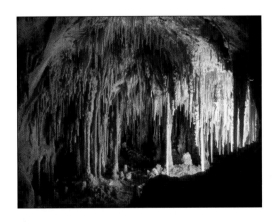

Dana Meachen Rau

Marshall Cavendish
Benchmark
New York

2

Si te encuentras en lo profundo de una cueva oscura, no puedes ver. No puedes sentir el viento ni otras condiciones del clima.

El único sonido podría ser el sonido del agua, goteando en el suelo de la cueva.

Una cueva es un espacio grande y *hue*co en el interior de un acantilado o de una montaña. ¡Este espacio vacío puede llegar a ser del tamaño de una sala!

En las cuevas puede haber
muchas salas con túneles que
las conectan. Las salas y los
túneles de la cueva Mammoth,
en Kentucky, miden más de
350 millas.

Las cuevas muy grandes se llaman *cavernas*. Unas de las más grandes son las cavernas de Carlsbad, en Nuevo México. Una de las cavernas se llama la "Gran Sala". La "Gran Sala" es más larga que cinco campos de fútbol americano.

Las cuevas se forman a través de miles de años. La mayoría de las cuevas están hechas de una roca que se llama *caliza*. El agua corre por las grietas de la caliza. Las grietas se vuelven más grandes.

El agua desgasta la roca.
Crea espacios más grandes
en la roca.

El agua va dando forma a las salas y los túneles de la cueva.

Generalmente, las cuevas son *húmedas* y mojadas. Eso se debe a que muchas cuevas mantienen agua en su interior.

En algunas cuevas hay lagos, e incluso, hasta cascadas.

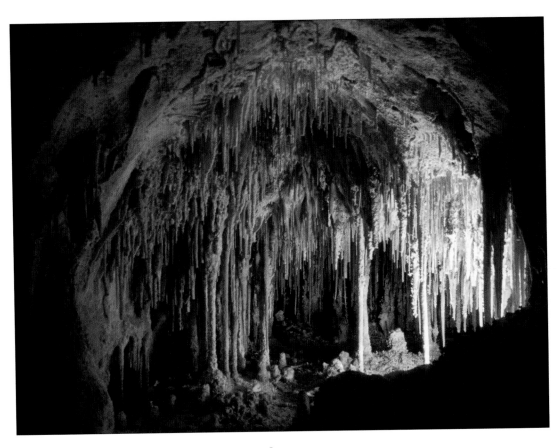

Los techos de algunas cuevas
parecen cubiertos de
carámbanos.

En el suelo de algunas cuevas se ven figuras, como torres de forma irregular. El agua que cae goteando crea esas figuras.

Al caer, el agua se mezcla con materiales de la roca llamados *minerales*. Las gotas de agua se endurecen y van dando forma a las figuras que se ven en el suelo o que cuelgan del techo.

Las plantas, en su mayoría, necesitan sol para crecer. Pocas plantas crecen en las cuevas. Algunas crecen cerca de la entrada de las cuevas, pero sólo las plantas parecidas a los hongos, crecen en su interior.

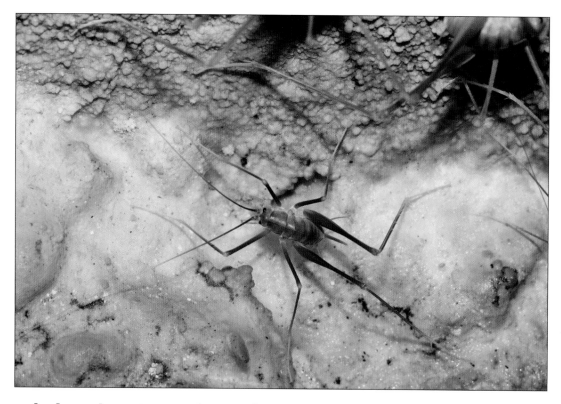

Muchos animales usan las
cuevas como *refugio*. Los osos,
los ratones y los grillos viven
en cuevas.

Duermen en la cueva. Salen de
la cueva para buscar alimento.

Algunos murciélagos duermen en cuevas durante el día. Viven en grupos llamados *colonias*.

Ellos se cuelgan cabeza abajo desde el techo. Por la noche salen volando para comer insectos.

Algunos animales nunca salen de la cueva. Se han acostumbrado a vivir sin luz. Algunos de estos animales ni siquiera tienen ojos. Usan otros sentidos para saber qué ocurre en la oscuridad.

26

Sabemos que hace mucho tiempo las personas vivían en cuevas. Ellos dejaron pinturas en las paredes de las cuevas. Hacían dibujos de los animales que cazaban.

A algunas personas les gusta explorar las cuevas. Tienen cuerdas que los ayudan a escalar las rocas. Usan cascos con luces que los ayudan a ver en la oscuridad.

Vocabulario avanzado

caliza Una clase de roca blanda.

cavernas Cuevas muy grandes.

colonias Grupos de animales que viven juntos.

hueco Que tiene un espacio vacío en el interior.

húmedo Un poco mojado.

minerales Materiales sólidos que se forman en la tierra. La sal es un mineral.

refugio Un lugar seguro alejado del mal tiempo o del peligro.

túneles Pasajes subterráneos.

Índice

Los números en **negrita** corresponden a páginas con ilustraciones.

With thanks to Nanci Vargus, Ed.D., and Beth Walker Gambro, reading consultants

Marshall Cavendish Benchmark
99 White Plains Road
Tarrytown, New York 10591-9001
www.marshallcavendish.us

Library of Congress Cataloging-in-Publication Data

Rau, Dana Meachen, 1971–
[Caves. Spanish]
Las cuevas / de Dana Meachen Rau.
p. cm. – (Bookworms. Maravillas de la naturaleza)
Includes index.
ISBN 978-0-7614-2804-6 (spanish edition) – ISBN 978-0-7614-2665-3 (english edition)
1. Cave ecology–Juvenile literature. 2. Caves–Juvenile literature.
I. Title.
QH541.5.C3R3818 2007
551.44'7–dc22
2007012443

Spanish Translation and Text Composition by
Victory Productions, Inc.

Photo Research by Anne Burns Images

Cover Photo by *Corbis*/Richard T. Nowitz

The photographs in this book are used with permission and through the courtesy of:
Peter Arnold: pp. 1, 14, 15 Fritz Polking; p. 2 Ron Giling; p. 11 BIOS/Denis Bringard.
Photo Researchers: pp. 4, 5, 20 Adam Jones; p. 21 William Ervin; p. 25 Dante Fenolio; p. 26 J.M. Labat.
Corbis: p. 7 Rainer Hackenberg/zefa; p. 8 Roger de la Harpe; p. 10 Michael Rose/Frank Lane Picture Agency;
p. 13 Macduff Everton; p. 17 Leo Batten/Frank Lane Picture Agency; p. 18 George Steinmetz;
pp. 22, 23 Eric & David Hosking; p. 29 Tim Wright.

Printed in Malaysia
1 3 5 6 4 2